覺

妙定功法

出版緣起

在佛經中記載著，在地球剛形成時，光音天的天神，被美麗的地球所吸引，從天上來到地球，也就是人類的祖先。彩虹不但是世界共同的吉祥象徵，在佛法中成證虹光身，更是殊勝的成就。

虹彩光音系列，結集了地球禪者洪啓嵩禪師所修造的法要偈頌、詩詞，傳承古代大成就者「道歌」的傳統，將修法心要，總攝於短短的詩篇中。是修行者的無上寶藏，更是現代人智慧的心靈活泉。

在這個輕、薄、短、小的時代，虹彩光音系列，以別出心裁的版型和視覺設計，希望為繁忙、緊張的現代人，在紛擾的塵世中，打造隨身的心靈淨土，在短暫、瑣碎的時光中，都能創造生命最大的價值。

祝福您時時安住在如虹彩般美麗的清淨自性，成證虹光身，圓滿成佛！

序

「妙定功」是我在二〇〇二年，由禪法發展出來的修行及養生功法。透過佛陀的妙身相好，以及我自身對心、氣、脈、身的體悟，建構出佛身生理學，並依循法身中脈之理，發展出的妙定功法，非常簡單易學、但卻具有不可思議的養生與修行妙效。

由於自幼體弱，我從小對強健的體魄，有著深刻的期望。雖然天生體弱，再加上身受內傷，但經過十年持續不斷的禪修，終於有了些許的成果。不只是內傷開始痊癒，全身的骨骼、身形也逐漸變化，呼吸越來越細微，而心念也更加的自然專注。這些因緣，也成為「放鬆禪法」與「妙定功」的發展根基。我的身心變化最強烈時，是一九八三年在南投別毛山閉關時，這時身體完全放鬆、能自然伸縮，也因為此時的經驗，而發展出「放鬆禪法」。

而一九九〇年的一場大車禍，幾乎奪走我的生命，全身受創嚴重，身體功能與過去不可同日而語。不可思議的是，雖然身體嚴重受創，但由於心力的不斷增上，依然產生許多微妙變化，似乎不因受創而停止進步。

二〇〇一年，幾位習武的同修向我問及調身及鍛鍊的方法時，我隨宜解說，產生了極大的迴響。因此我就將最重要而基本的十個動作，編成十式的「妙定功」。這十式雖然簡單，卻能涵容人體最重要的基礎，使人類身體在最簡單、自然、放鬆的狀況，開展無盡的生機與力量，除了健康養生，進而影響呼吸及心念，產生最深刻的寂定。

本書結集了「放鬆禪法」導引與「妙定十式」的偈頌心要，

可說是我在成就佛身教授法門的心要。祈願有緣的讀者健康覺悟，圓滿成證佛身相好！

目錄

壹、放鬆禪法導引

練習放鬆禪法能讓我們的身心完全得到解脫，
讓整個生命充滿了喜悅，充滿了力量。

什麼是放鬆？
放鬆就是沒有執著，
就是使我們的身體所有壓力都消失，
讓整個身體像空氣一樣，

像光一樣，
那樣自然，那樣柔軟，
可以滲透到宇宙中的每一個部分。

放鬆，放鬆，放鬆……
放鬆到你感覺所有的壓力都消失。

要記得，
許多的壓力都是我們自己給予自己的；

就像許多人努力地把肩膀往上聳起，
他在不知不覺中，
就想替整個地球承擔重量，
其實這是不需要的，
地球很樂意來承擔你身體的一切重量，
我們不要替地球扛東西，
這會對我們的身體產生了障礙；
讓我們所有的壓力都放下去，
跟整個大地結合，

這是多麼舒暢的事情啊！

我們在放鬆的時候，
可以站著，可以坐著。
在放鬆之前，
要把自己的心調適成最自然、
最輕鬆的狀態，
讓我們的身體變成像海綿一樣柔軟，
一塊海綿當我們緊抓住它的時候，

它變成一團；
把它放開了，它就恢復成原狀了。

所以，我們要學習像海綿一樣地放鬆，
放鬆不是在身體上面
再賦予他一個放鬆的力量，
而是把多餘的壓力去除掉，
讓他恢復成原狀，讓他自自然然的，
就像嬰兒一樣，就像海綿一樣。

骨骼放鬆

首先，
我們從身體的支柱骨頭開始放鬆。
骨頭的放鬆，要從頭部開始，
現在我們先把頭骨放鬆，
讓他像海綿一樣，
讓他漂浮在太空，
完全沒有任何壓力，

很舒適，很柔軟，很舒服。

接下來是我們的臉骨放鬆，
整個下顎都往下掉了，
整個臉部都像天真的孩童一樣，
自然地微笑著，
我們的頸骨，
很柔軟、很柔軟地一節一節放鬆了，
讓它充滿了空氣，像海綿一樣，

舒舒服服的，沒有任何的壓力。

我們的兩肩讓它往下掉，
把所有的壓力都抽掉了，
讓它舒舒服服地浮在那裡。

我們的兩臂、兩手、手掌、十指，
現在全部放鬆開來了，
讓所有的力量往下掉，

掉到指尖，掉到大地，掉到地心裡面，
兩隻手都鬆開了。

你的胸骨也放鬆了，
很鬆很柔，很自然；
你的肋骨，
一塊一塊的肋骨都鬆鬆的，
充滿了氣，
圓圓滿滿地護住了我們的內臟。

我們的兩片肩胛骨往下掉，
完完全全徹徹底底地放鬆開來；
你的脊椎骨，
從胸椎到腰椎，到尾椎，
骨頭一節一節都往下掉，
整個脊椎骨像充滿了空氣，
完全直起來了。

我們的胯骨、大腿骨、膝蓋、
小腿骨、腳掌、十趾，
完完全全徹徹底底地放鬆了。

兩隻腳踏著大地，
整個身體的重量就交給了大地，
跟整個大地融合為一了。

皮膚放鬆

再來，
我們要放鬆我們身體的表皮。
我們先從頭部開始放鬆，
讓頭部表皮的肌肉像充氣一樣，
像氣球一樣，
輕輕的鬆鬆的柔柔的；
我們臉部的肌肉很輕很鬆，很圓滿，

就像嬰兒一樣，
就像佛陀一樣充滿了永遠的微笑。

我們頸部很鬆，很柔，很舒服，很飽足；
兩肩、兩臂、兩手、手掌、十指，
完完全全徹徹底底地放鬆，
感覺兩隻手都可以漂起來、浮起來了，
就像在陸地中游泳一樣。

我們的胸部、腹部跟脇下都完全放鬆了，
感覺到每個地方的空氣都可以自由地出入，
都充滿了空氣，
輕輕鬆鬆，完全地柔軟。

我們的背部、腰部、臀部、大腿、
膝蓋、小腿、腳掌、十趾，
都完全放鬆了。

現在你就像一個充氣的氣球人一樣，
整個人輕輕的、飄飄的，
很舒服，
完全沒有壓力。

肌肉與內臟放鬆

再來，
我們要放鬆身體內部的肌肉跟內臟，
我們先放鬆我們的腦髓，
從腦的中心點開始放鬆，
讓它完全沒有壓力，
讓它像一個一個氣泡一樣，
完全沒有壓力，

從內到外都鬆開了，
整個大腦、小腦、間腦，
所有的腦髓都徹底地放鬆了。

我們的眼球從內到外放鬆了，
它像湛藍的海水一樣，清澈明朗，
完完全全沒有壓力。

我們的耳朵，

從內耳、中耳到外耳，
完完全全鬆開了。

我們的鼻腔從內到外徹底地放鬆了，
我們的呼吸道又舒暢又愉快，
整個呼吸十分地通暢，
遍滿了我們身體的五臟六腑，
還有每個細胞。

我們的嘴腔、舌頭、牙齒，全部放鬆了；
我們的喉嚨從內到外也全部鬆開了。

我們的肩膀、兩臂、兩手、手掌、十指，
從內到外，徹徹底底地都鬆了，
都變柔了，完全沒有任何壓力。

我們的胸部、腹部、心臟、肺臟、
肝臟、脾臟，我們的胃、腸，

整個五臟六腑都完全放鬆了，
感覺他們可以自己呼吸，
十分輕，十分地柔，
完全沒有壓力了。

我們的背部、腰部、腎臟都放鬆開來，
臀部、大腿、膝蓋、小腿、腳掌、十趾，
現在全身的肌肉，
從內到外徹底地放鬆了，

感覺每一個細胞都可以自己呼吸，
每一個毛孔都是張開的，
空氣可以自由自在地在你身體裡面出入，
你與整個大氣都結合在一起了。

我們現在將身體的內部到外部
都徹底地放鬆了。

觀想身體化成水

再來我們要轉換身體，
提高它的生命能量，
現在想像我們身體的每一個細胞
都可以很快活地呼吸著，
每一個細胞都沒有任何的壓力，
現在每一個細胞就像白色的雪花一樣，
很輕很柔；

天上開始有著沒有雲彩的強烈陽光，
照射著整個身體；

現在我們的身體要融化成清澈的水，
整個身體完全沒有任何壓力了，
融化成清澈的水；
現在頭髮融化成清澈的水了，
我們的腦殼跟腦髓也變成清澈的水了；
我們的眼球、耳朵、鼻腔、嘴腔、

整個頭部都變成透明的水形。

我們的頸部、喉嚨、兩肩、兩臂、兩手、手掌、十指，都變成透明清澈的水；

我們的胸部、腹部、心臟、肺臟、肝臟、脾臟，我們的胃、腸，

我們的背部、腰部、腎臟，
整個上半部都變成透明清澈的水了。

我們的臀部、大腿、膝蓋、
小腿、腳掌、十趾，
全都變成清澈的水。

觀想身體放成空氣

我們現在的身體
變成一個清澈透明的水形人，
陽光照在我們的身體，
我們身體的能量越來越高了，
現在整個身體不只變成了水，
它開始化成了氣體。

現在，我們的頭髮變成空氣，
完全沒有任何壓力了，
整個頭骨、腦髓、眼球、耳朵、
鼻腔、嘴腔、整個頭部，
都變成了空氣，
所有壓力都消失了；

我們的喉嚨、頸部、兩肩、兩臂、
兩手、手掌、十指，

也都變成了空氣，

與整個大氣都結合在一起了。

整個胸部、腹部、心臟、肺臟、

肝臟、脾臟、胃、腸、

背部、腰部、腎臟，都變成了空氣。

臀部、大腿、膝蓋、小腿、腳掌、十趾，

也都變成了空氣。

現在整個身體所有壓力
都徹徹底底地解除了，
整個人變成了空氣，
我們的身體在極端的喜悅裡面，
他的能量又往上增長了。

觀想身體化成光明

現在整個身體就變成了光明，
就像天上彩虹一樣的光明，
就像水晶一樣的光明，
就像沒有雲彩的藍色晴空當中太陽的光明；
我們整個身體都透明了，
都發亮了；

從頭髮開始變成了光明；
從頂部，從腦髓、眼球、耳朵、鼻子、嘴巴，
整個頭部就變成了像透明水晶一樣的亮；

整個喉嚨、頸部、兩肩、兩臂、
兩手、手掌、手指，
都完全變透明了，變清澈了。

整個胸部、腹部、心臟、肺臟、

肝臟、脾臟、胃、腸，
整個背部、腰部、腎臟，
都變成了透明的。

臀部、大腿、膝蓋、小腿、腳掌、十趾，
全身變成像透明的水晶人一樣，
那樣明亮照耀整個宇宙，
整個宇宙的光明也照耀著我們。

現在不只是你的身體是那樣地透明，
那樣地光亮，
整個宇宙也都變成了透明的；

你現在的身體好像站立在
整個宇宙的大光明當中，
你的身體放著無限的光明照耀整個宇宙，
整個宇宙也用無限的光明來照耀著你，
整個宇宙都是透明的，

都是光明的。

現在整個身體實在是太舒暢了！

沒有任何壓力了。

心念完全寂滅

你的心念越來越清晰明白了，
你發覺到，
過去的念頭已經過去了，
未來的念頭還沒有到，
你也不用去想它；
現在的念頭，一個念頭、一個念頭……
明明白白的，越來越清楚，越來越細，

到最後連光明的念頭也沒有了；
整個身體，整個心靈，
完完全全沒有任何的想像，
沒有任何的造作，
所有的光明都是自生自顯的，
你的心就完全寂滅了，
完全的安靜了，
你就完完全全安住在這種光明的境界裡面。

（寂靜）

（結束練習）

現在，
慢慢地把整個宇宙光明收到心裡面去，
身體先輕微地搖動，
再慢慢加大搖動，
然後慢慢地使身心恢復成正常的狀況，
使整個身心一切充滿了力量，
充滿了光明，
一切都是吉祥圓滿的！

貳、最勝妙定訣

心中心　最殊勝
中脈中　具妙定
體相用　本寂滅
是因緣　默照起
心氣脈　明體身
金剛聚　成自身
明點鍊　成霓虹

定中定　不定定
動不動　不動動
一切境　大圓成

參、心氣圓身訣

正骨順氣　氣暢串身

脈如金絲　通身內外

氣脈相和　明點自生

體內現空　氣斂入骨

體脈通知　全身周遍

密義

一切氣相　宛轉流明

心氣脈身　現成如空
無可得相　大空圓滿
密成一如　大用無礙
金剛身圓　三十二相
相好如如　三身圓具

肆、最勝妙定功讚

最勝妙定功
無上第一禪
身息心圓滿
覺悟更健康
快樂能慈悲
體性力無量
龍一切時定

如來勝利王

伍、妙定功十式

起式：大圓滿式

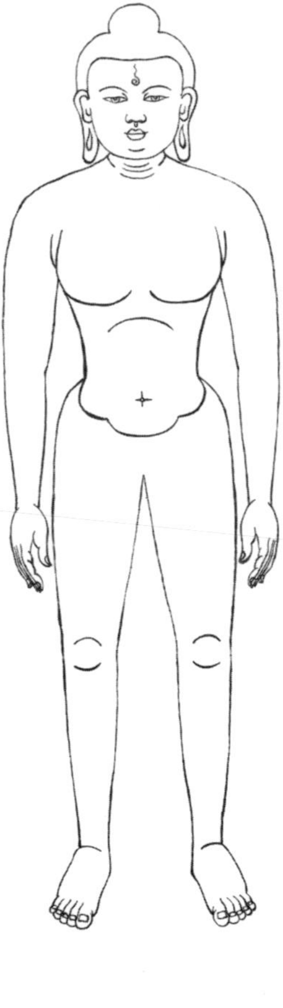

法爾自然體　法爾自然式
最勝妙定式　明空根本式
通身放下　一切大圓滿
法爾如實　具力大作用
不動即動　徧身通法界
最勝妙定　法界身金剛
心、氣、脈、身、境圓滿
通身明點自具足　法爾圓明具力大威勢
一定法界現成金剛界

從法爾自然的體性
自然現起大圓滿身相姿勢
這是最殊勝的妙定身式
這是一切健康吉祥的根本身式
全體通身放下
這是一切現成的大圓滿
這是究竟如實的境界
具足了廣大的力量與作用
當下身相的不動
卻具足了一切的動能

全體遍身通達法界
是最殊勝的妙定
圓滿成就法界身金剛
從心、氣、脈、身乃至外境
完全圓滿
法爾自然圓明
具足力量與大威勢
在此一定式之中
一切法界現前成就金剛界

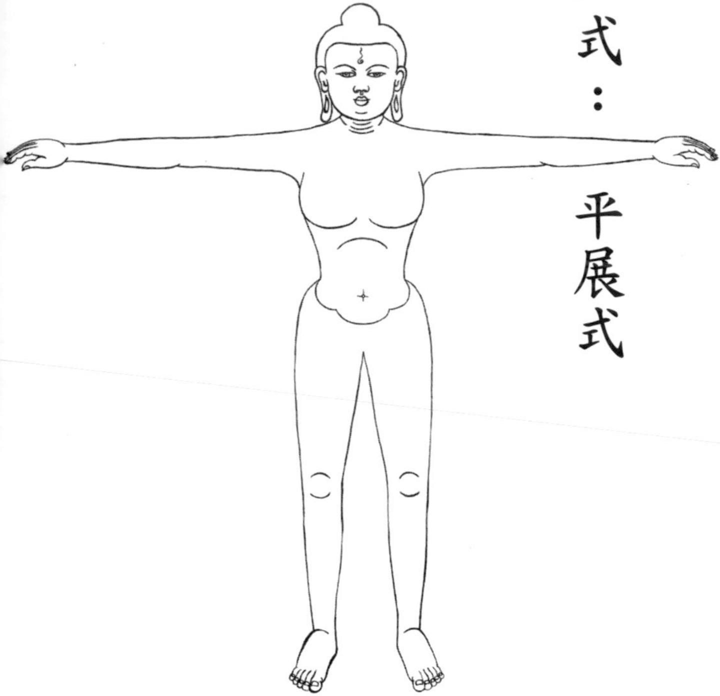

第二式：平展式

全體鬆放下　鵬飛展明空
身如十字杵　相會自然通
迴轉氣中如　大道身中開
佛身平滿相　密意在此中

全體放鬆放下
就如同大鵬展翅
開啓了光明與空性不二的境界
此身宛如十字金剛杵一般
放鬆無執地相會
全身所有的氣脈自然相會暢通了
氣息自然迴轉　調和一如
無上的大道也從身中開展而出

成就佛身平滿相好的密意就在其中

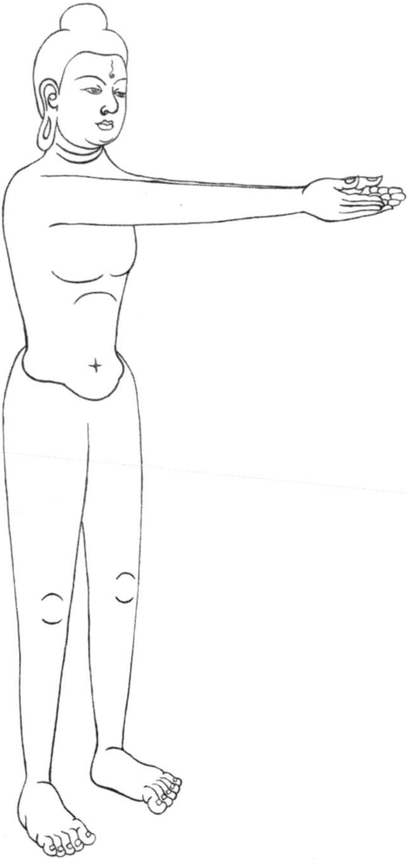

第三式：扶日式

朝陽心中起　雙手隨日昇
光明手中圓　氣密會相通
具力通身脈　五氣還圓滿
心氣脈明點　身圓現佛身

朝陽從自心中昇起
雙手扶著太陽緩昇而上
光明的朝陽
在手中圓滿的現起
氣機秘密會通
具足大力通暢全身的氣脈
心、肝、脾、肺、腎等五臟的氣機
也自然恢復圓滿

心念、氣息、脈道、明點與身相都圓滿了
自然現起殊勝的佛身

第四式：龍定式

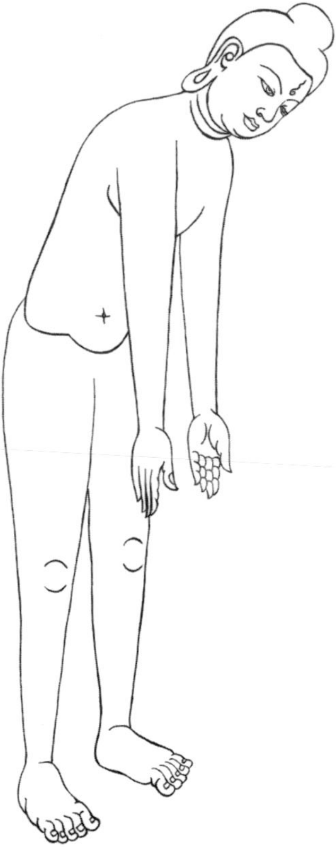

放鬆放下空　無生會明空
龍一切時定　空樂妙其中
自在通四方　五臟自豐足
身心全通流　圓滿佛身同

全體放鬆、放下、放空
無生與明空相會
如同大龍一般
在一切時中都自然安住寂定
具足微妙大空喜樂
自在通達四方
五臟六腑自然豐足

身心全體通流無礙
圓滿同證佛身

第五式：迴轉式

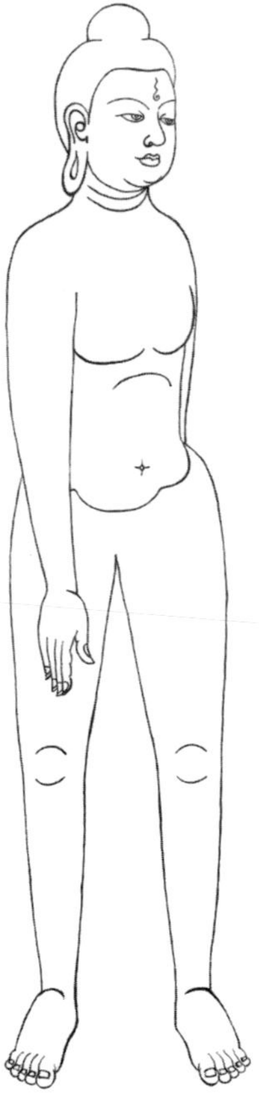

具力至柔迴身功　象王迴身落花紅
心氣明點恒充實　脈柔身空喜如意
自在揉脊金剛鍊　至勝成圓妙氣身
能通法界最有力　轉身自在佛勝身

具足力量能夠自在迴轉的
至柔迴身功法
就如同象王具力的迴身
使落英繽紛遍滿了大地
心、氣與明點都恒常充實有力
脈柔、身空　歡喜如意
自在地輕揉金剛光鍊所成的脊柱
至勝成就圓滿具足妙氣之身

這是能通達法界最有力的身相
轉身自在成就勝妙佛身

第六式：跨足式

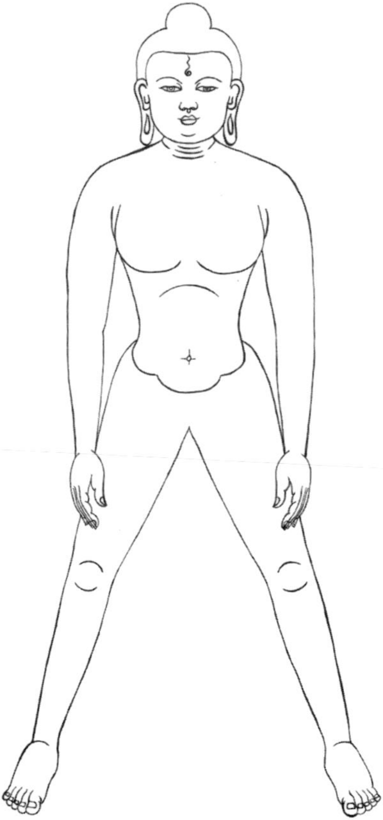

橫跨法界　力充陰陽
氣順如意　脈通圓滿
全體放下　貫串法界
金剛身具　相好圓密

雙腳橫跨法界
力量充遍陰陽
氣息順暢如意
脈絡通達圓滿
全體身心放下
貫串法界
具足金剛之身
一切相好於密意中圓滿具足

第七式：力士式

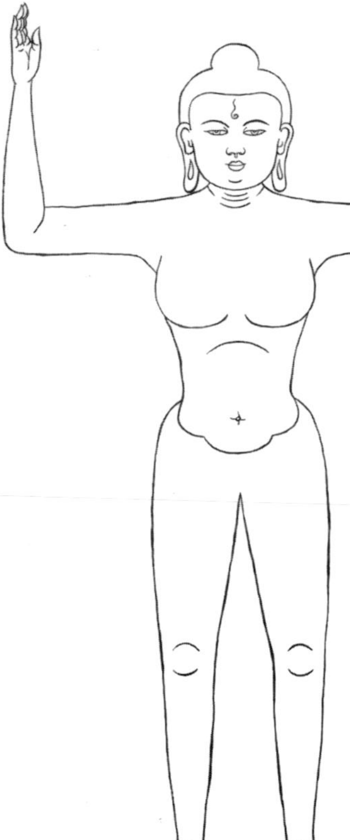

力士金剛王　具力不用力
自然氣充足　妙身指俱伸
手足指金剛　外柔內威德
心氣脈圓滿　現成佛妙身

如同力士金剛王一般
具足大力卻完全不用力
自然氣力充足
在微妙的身相中
手指與足指完全的伸展
正如同金剛杵一般氣充有力
外相柔和而內具威德
心、氣、脈圓滿
現前成就如來妙身

第八式：獨立式

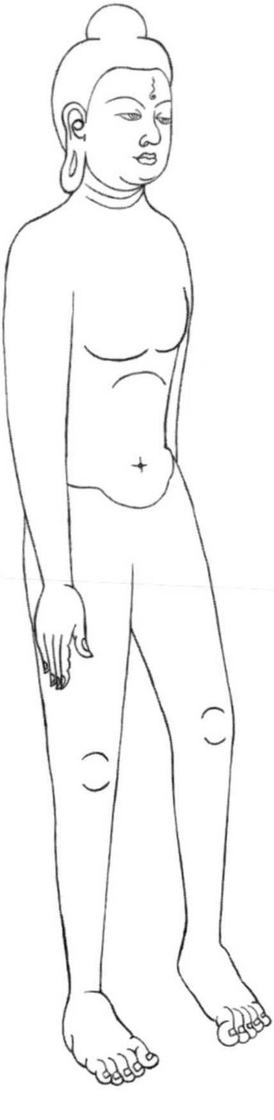

全體齊放下　獨立安一足
身似楊柳柔　胯如蓮花開
水中一足浮　至鬆不用力
身肢眾脈開　相好自然來

全體身心一齊放下
獨立地安坐於一足
身體宛如楊柳般柔軟
腰胯如同蓮花般盛開
另一足宛如浮於水中一般
至鬆至柔　毫不用力
身體四肢的眾脈全部打開了
自然成就佛身相好

第九式：千輻式

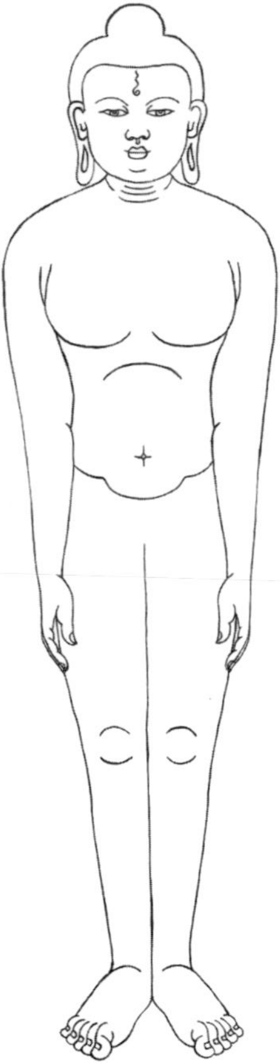

兩足氣會通　身心脈一同
足掌自平滿　千輻輪相中
落地能生根　具力金剛足
通達身法界　圓證佛妙身

兩足的氣機相互會通
身、心、氣脈和諧統一
足掌自然平滿
安住於佛陀的千輻輪相好之中
雙足落地自然能生根
成為具力的金剛足
通達身之法界
圓滿成證佛陀妙身

收式：大吉祥式

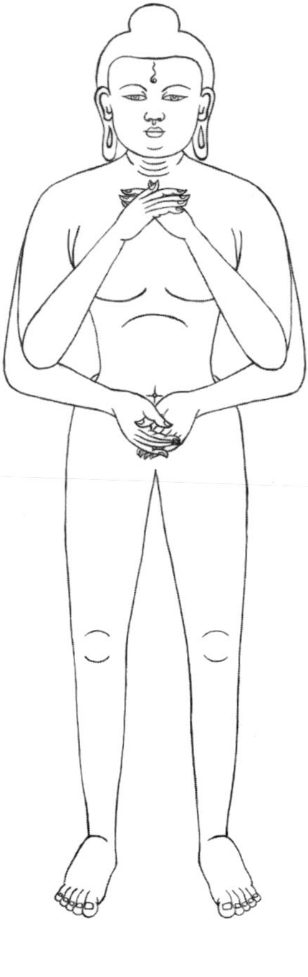

迴收大休息　心氣入於密
身障自然伏　脈柔身平和
力氣自充足　心念歸安寂
身心本一如　吉祥現佛身

迴收全體身心大休息
心念、氣息都入於寂密之中
身體的障礙自然降伏了
筋脈柔軟、身體平和
力氣自然充足
心念歸於安寂
身、心本來一如無別
在吉祥中現起圓滿佛身

作者簡介

地球禪者洪啓嵩，為國際知名禪學大師。年幼深感生死無常，十歲起參學各派禪法，尋求生命昇華超越之道。二十歲開始教授禪定，海內外從學者無數。

其一生修持、講學、著述不綴，足跡遍佈全球。除應邀於台灣政府機關及大學、企業講學，並應邀至美國哈佛大學、麻省理工學院、俄亥俄大學，中國北京、人民、清華大學，上海師範大學、復旦大學等世界知名學府演講。並於印度菩提伽耶、美國佛教會、麻州佛教會、大同雲岡石窟等地，講學及主持禪七。

畢生致力以禪推展人類普遍之覺性運動，開啓覺性地球，2009與2010年分別獲舊金山市政府、不丹王國頒發榮譽狀，於2018年完成歷時十七年籌備的史上最大佛畫—世紀大佛（166公尺X72.5公尺），在藝術成就上，被譽為「二十一世紀的米開朗基羅」，在修證成就上，被譽為「當代空海」，為集禪學、藝術與著述為一身之大家。

歷年來在大小乘禪法、顯密教禪法、南傳北傳禪法、教下與宗門禪法、漢藏佛學禪法等均有深入與系統講授。著有《禪觀秘要》、《大悲如幻三昧》等〈高階禪觀系列〉及《現觀中脈實相成就》、《智慧成就拙火瑜伽》等〈密乘寶海系列〉，著述超過二百部。

虹彩光音04《妙定功法》
作　　者　洪啓嵩
題字繪圖　洪啓嵩
執行編輯　蕭婉甄、莊涵甄
美術設計　吳霈媜、張育甄
校　　對　許諺賓
出　　版　全佛文化事業有限公司 www.buddhall.com
訂購專線：(02)2913-2199 傳真專線：(02)2913-3693
匯款帳號：3199717004240 合作金庫銀行大坪林分行
戶　　名：全佛文化事業有限公司
E-mail:buddhall@ms7.hinet.net
門　　市　覺性會館．心茶堂
新北市新店區民權路95號4樓之1 (02)2219-8189
行銷代理　紅螞蟻圖書有限公司
台北市內湖區舊宗路二段121巷19號 (02)2795-3656

初版一刷　二〇一八年二月
精裝定價　新台幣二五〇元
ISBN 978-986-6936-98-2（精裝）

ISBN 978-986-6936-98-2
9 789866 936982
NT$250

國家圖書館出版品預行編目（CIP）資料

妙定功法 / 洪啟嵩作 . -- 初版 .
-- 新北市 : 全佛文化 , 2018.02
面 ;　公分 . -- (虹彩光音 ; 4)
ISBN 978-986-6936-98-2(精裝)
1. 佛教修持 2. 氣功 3. 養生
225.87　　107000959